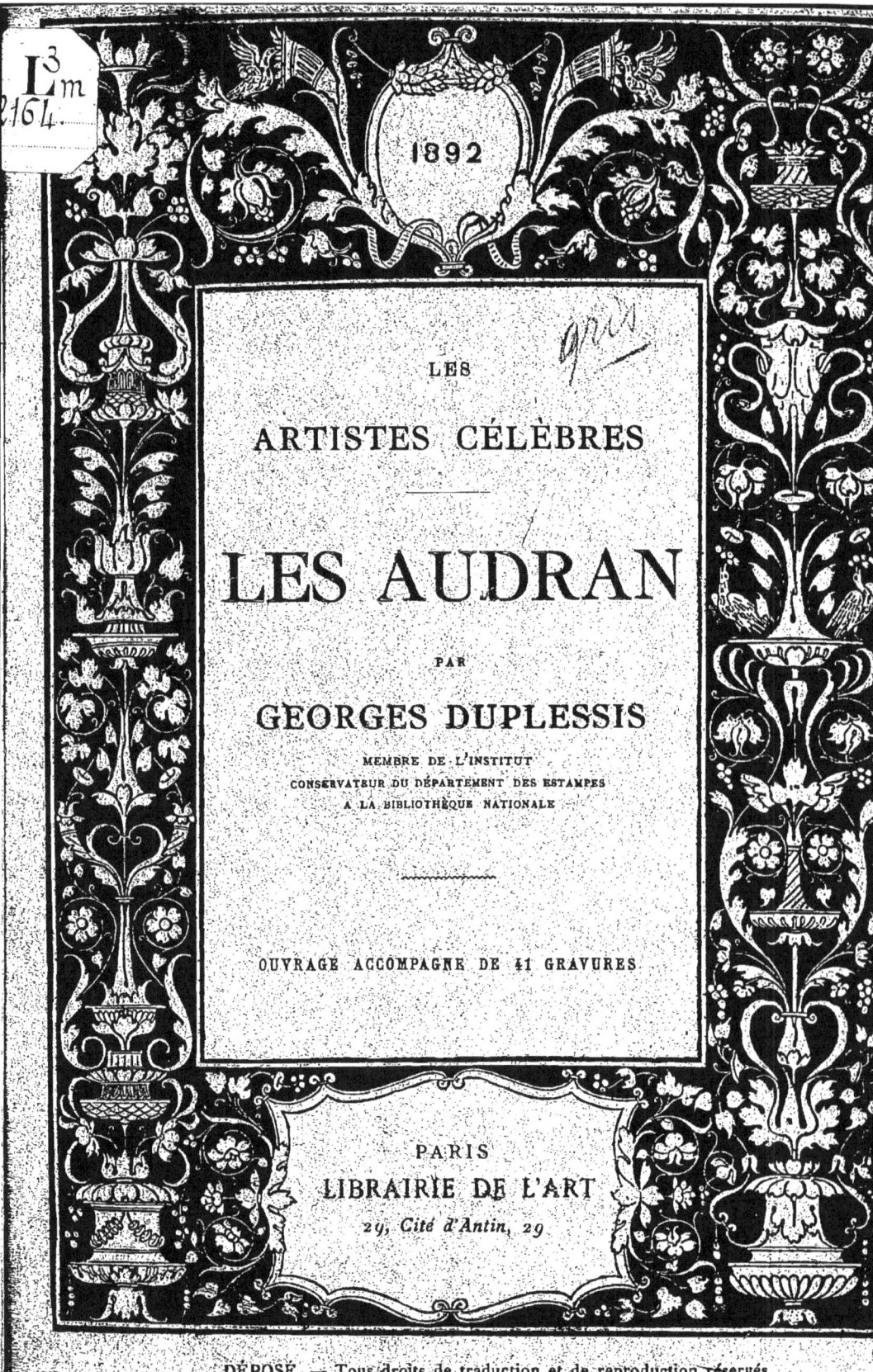

LES

ARTISTES CÉLÈBRES

LES AUDRAN

PAR

GEORGES DUPLESSIS

Membre de l'Institut
Conservateur du Département des Estampes à la Bibliothèque nationale

PARIS

LIBRAIRIE DE L'ART

L. ALLISON & Cie

29, CITÉ D'ANTIN, 29

Nous nous sommes adressés
pour l'illustration de la monographie
des Audran
aux richesses du Cabinet des Estampes
et de la magnifique collection de
M. Beraldi père,
l'éminent iconophile,
qui nous prête constamment
le plus précieux concours.

DÉPOSÉ. — Tous droits de reproduction et de traduction réservés.

LES AUDRAN

CHARLES AUDRAN

« La famille des Audran, si féconde en habiles graveurs, doit en quelque façon son établissement et le commencement de sa réputation à celuy de qui on a rassemblé icy les ouvrages. Ce fut luy qui le premier embrassa la gravure et qui, s'y étant distingué, détermina son frère et ses neveux, par son exemple, à suivre une profession, où Gérard Audran, l'un de ses neveux, a paru depuis avec tant d'éclat; mais c'est moins par cet endroit que par sa propre capacité que Charles Audran mérite des éloges. Il étoit bon dessinateur et sa manière de graver des plus artistes : il ne lui a manqué que d'avoir rencontré plus d'occasions d'exercer ses talens dans toute leur étendue. Presque toujours occupé à des ouvrages, la plus part de peu d'importance et d'après des maîtres peu habiles, s'il se négligeoit quelquefois, il faisoit connaître ce qu'il valloit lorsqu'il étoit assez heureux pour rencontrer d'excellents dessins. Ce qu'il a gravé en Italie d'après Pietre de Cortone, André Sacchi et Jacques Stella en est une excellente preuve. L'on ne doit donc pas l'accuser s'il se trouve dans son œuvre quelques pièces inférieures à d'autres; c'est moins sa faute que celle des peintres parmy lesquels il vivoit et de ceux par qui il étoit employé et dont il étoit obligé de suivre les idées[1]. »

L'indulgence de Pierre-Jean Mariette, qui parle ainsi de Charles Audran dans son *Abecedario*, nous paraît grande ; nous avons même quelque peine à nous expliquer ce jugement sous la plume d'un des

1. Mariette, *Abecedario*, t. Ier, p. 35, 36.

hommes les plus compétents en pareille matière. Que l'on fasse un mérite à Charles Audran d'avoir fondé une dynastie de graveurs, rien de plus juste, mais que l'on trouve sa manière de graver « des plus

CHARLES AUDRAN. — PORTRAIT DE LOUIS XIV (JEUNE).

artistes », cela nous paraît dépasser un peu la mesure. Charles Audran, qui signait souvent aussi Karle Audran, aurait étudié à Paris non loin de Pierre Daret que cela ne nous surprendrait en aucune façon ; sa manière rappelle celle de cet artiste ; à côté d'un dessin suffisant et d'une assez grande indifférence pour le caractère dans les figures et pour le style

CHARLES AUDRAN. — PORTRAIT DE CLAUDE DE MESMES, COMTE D'AVAUX.

CHARLES AUDRAN. — SAINT BRUNO.

CHARLES AUDRAN. — FRONTISPICE POUR « LA GALERIE DES FEMMES FORTES ».
D'après Pietre de Cortone.

dans les draperies, il grave avec propreté ; son burin ne vise jamais à l'effet, mais il est loin d'être maladroit. Charles Audran travailla assez longtemps en Italie et se montra plus attentif à s'inspirer des estampes de Corneille Cort, de Martin Greuter et de Corneille Bloemaert qui y étaient répandues à profusion et fort en faveur, qu'à chercher à imiter les ouvrages de Marc-Antoine ou de ses élèves immédiats. Est-ce préférence ? Est-ce « mauvaise fortune » ? Charles Audran a presque toujours gravé d'après des artistes très secondaires ; Pietre de Cortone est le seul peintre de valeur qui lui ait confié le soin de multiplier ses œuvres, encore aurions-nous quelque déplaisir à ranger ce fécond et habile décorateur parmi les vrais maîtres.

La plus grande partie de l'œuvre de Charles Audran se compose de frontispices de livres, de vignettes, de thèses ou d'estampes de dévotion. Quelques portraits, ceux de *Claude de Mesmes, comte d'Avaux*, de *Gaston-Jean-Baptiste de Renty* et de *Pierre Seguier*, celui surtout de *Louis XIV jeune* dans un médaillon ovale entouré d'attributs, accusent une réelle entente de la physionomie ; devant la nature, Charles Audran se sentait mieux à l'aise que devant les peintures ou les dessins de ses contemporains; il trouvait là un stimulant nécessaire, peut-être aussi une force que ne lui donnaient pas les compositions que ses éditeurs lui demandaient de reproduire. L'allégorie, si fort goûtée en Italie au xviie siècle, accapara pendant une longue période les artistes qui n'avaient pas en eux-mêmes une valeur suffisante pour s'imposer autrement ; forcés de vivre, ils se soumettaient aux exigences de l'usage, et Karle Audran passa la plus grande partie de sa carrière à reproduire froidement les inventions sans caractère d'Alexandre Vaiani, d'Antoine Pomerance et d'André Sacchi. Lorsqu'il faisait des infidélités momentanées à ces peintres, c'était pour se mettre au service des libraires. Le nombre des titres de livres au bas desquels se lit son nom est considérable ; aucun n'offre au point de vue de l'art un intérêt réel.

Faut-il attribuer à Karle Audran quatre figures nues gravées à l'eau-forte, au bas desquelles on lit les lettres K. A. accompagnées de la date 1634? Le graveur au burin froid et monotone aurait-il accidentellement usé de la pointe et aurait-il cherché à témoigner de son savoir comme dessinateur ? La chose est probable : ces quatre planches n'ajouteront rien à la réputation de l'artiste, mais elles ne sont pas sans valeur. Elles rappellent les estampes gravées dans l'école de Simon

Vouet et, bien que dessinées sans grande ampleur, elles doivent être signalées dans l'œuvre de Karle Audran au moins à titre de tentative.

En somme, Charles ou Karle Audran, — il orthographie son prénom de ces deux manières, — qui naquit à Paris en 1594 et qui mourut dans la même ville en 1674, eût couru grand risque d'être absolument oublié s'il n'avait porté un nom illustré par plusieurs de ses parents et par son neveu Gérard principalement. Les planches qu'il a signées semblent dues à un ouvrier adroit plutôt qu'à un artiste expérimenté. Sur ses ascendants on est fort imparfaitement renseigné; on sait seulement que son père Louis, né vers 1568 et mort au siège de La Rochelle en 1628, avait été un des principaux officiers de louveterie d'Henri IV et que son grand-père Adam Audran, né vers 1520, était maître paumier à Paris. Encore ces renseignements auraient-ils besoin d'être contrôlés : ils sont donnés par Moreri sans aucune pièce à l'appui; on ignore si c'est d'après une tradition ou d'après un document que l'historien avance ce fait. Ces mémoires sur les Audran que Moreri signale à la fin de l'article consacré à ces artistes seraient-ils uniquement le résultat de conversations avec le ou les survivants de cette famille; sur l'origine même des Audran, il n'est pas impossible qu'il n'ait eu d'autre information qu'une tradition transmise de génération en génération ?

CLAUDE Iᴱᴿ AUDRAN

A côté de Claude Audran, Charles Audran paraît presque un artiste de haute valeur; quelque peu remarquables que soient en effet les ouvrages de celui-ci, ils dénotent toutefois une connaissance du dessin et une volonté de transmettre au métal le caractère des dessins originaux que l'on ne retrouva pas chez Claude Audran. A peine si son œuvre contient deux ou trois pièces qui ne soient pas complètement dépourvues d'intérêt. Une *Sainte Famille* et le *Portrait du pape Innocent X* sont parmi les pièces que nous connaissons de lui les seules que l'on puisse signaler. Le graveur, guidé par des dessins ou par des peintures dus à des hommes de talent, a, malgré son inexpérience et son ignorance, transporté sur le cuivre quelques-unes des qualités renfermées dans les œuvres qu'il avait à interpréter. Élève de son frère Charles Audran, Claude Iᵉʳ ne fait aucun honneur à son maître; comme lui, il grave des titres de livres, des thèses, des armoiries et quelques portraits, mais, en aucun cas, il ne fait acte de véritable artiste. Né à Paris en 1592, selon Mariette, ou en 1597, selon Moreri, il travailla peu dans sa ville natale; plusieurs de ses gravures sont datées de Lyon où il s'était établi d'assez bonne heure, et c'est dans cette ville qu'il passa la plus grande partie de son existence. Il y mourut le 18 novembre 1677, laissant trois fils, Germain, Claude II et Gérard, le plus célèbre artiste du nom d'Audran et un des plus grands, sinon le plus grand graveur de l'école française.

CLAUDE Ier AUDRAN. — SAINTE FAMILLE.

CLAUDE Ier AUDRAN. — PORTRAIT DU PAPE INNOCENT X.

GERMAIN AUDRAN

Germain Audran, le fils aîné de Claude Ier, naquit à Lyon, le 6 décembre 1631. Il quitta sa ville natale de bonne heure pour aller étudier à Paris chez son oncle Charles Audran, et, au bout de quelques années, il rentra à Lyon où il obtint le titre d'adjoint, puis de professeur à l'Académie de cette ville. Son œuvre n'est pas très considérable, et Heineken, dans son *Dictionnaire des artistes*, nous paraît lui attribuer un certain nombre de pièces qui ne sont sûrement pas de lui. Dans les portraits plutôt que dans les autres genres, il fit preuve de quelque habileté. Ceux de *Bertrand de Lapérouse*, de *Camille de Neuville* et de *Pierre de Villars*, sans dénoter une grande habileté, attestent cependant un savoir réel ; ils ne sont pas en tout cas inférieurs à ceux de Charles Audran, et l'élève peut être considéré comme ayant un mérite au moins égal à celui de son maître.

Germain Audran, comme les graveurs de sa famille qui l'avaient précédé dans la carrière, travailla fréquemment pour les libraires. Ce fut lui qui grava en 1681 le frontispice du grand *Dictionnaire historique de Moreri*, et cette collaboration explique l'attention particulière que l'historien provençal a accordée dans son ouvrage à cette famille devenue illustre depuis le jour où Gérard Audran signa ses premières planches.

Germain Audran mourut à Lyon, le 4 mai 1710, selon Moreri, en 1700, selon Mariette.

CLAUDE II AUDRAN

Si jusqu'à présent, en nous occupant de membres de la famille des Audran, nous avons été forcément très bref, parce que les documents, même les plus généraux, nous faisaient défaut, il n'en est plus de même pour Claude Audran, le second fils de Claude Ier. Celui-ci fut membre de l'Académie de peinture et de sculpture, et Guillet de Saint-Georges lui a consacré une notice à laquelle nous allons faire de nombreux emprunts.

Claude II Audran naquit à Lyon le 27 mars 1639 [1]. Son père le fit admettre à l'âge de dix ans comme élève dans l'atelier de deux peintres nommés Perrier, neveux de François Perrier. A la mort de ces artistes, Claude Audran reçut les leçons d'Antoine Virys, peintre bien oublié, qui couvrit de fresques la voûte de l'église des Jésuites de Lyon (aujourd'hui la chapelle du Collège) et qui traça, en collaboration avec Germain Panthot, des perspectives sur les murailles du jardin de l'hôtel de ville de Lyon. Le jeune élève apporta au travail une grande assiduité et, lorsqu'il vint à Paris, il était déjà rompu à toutes les difficultés matérielles de la peinture; il avait encore à se perfectionner, à se former le goût, mais il en savait assez pour pouvoir tirer un sérieux profit des leçons qui lui seraient données par des maîtres renommés.

Après avoir travaillé dans l'atelier de Coypel, et sous la direction de Charles Errard qui le chargea de faire pour le château de Versailles deux grandes figures en camaïeu, Noël Quillerier lui confia le soin d'exécuter quelques tableaux pour l'appartement de Mgr le Dauphin aux Tuileries. Charles Le Brun, qui vit les tableaux de Claude Audran, en fut satisfait et s'assura de son savoir en lui faisant ébaucher quelques figures dans le *Passage du Granique* et dans la *Bataille d'Arbelles* qu'il préparait à cette époque; il lui commanda en outre, en même temps qu'à Jean Jouvenet, quelques travaux décoratifs pour le château de Saint-Ger-

1. Guillet de Saint-Georges le fait naître en 1641.

GERMAIN AUDRAN. — PORTRAIT DE CAMILLE DE NEUVILLE.

main-en-Laye. Claude Audran s'acquitta de ces différentes tâches à la satisfaction du maître tout puissant alors, qui l'attira auprès de lui aux Gobelins et l'attacha pour ainsi dire à sa personne. Lorsqu'il avait arrêté une composition, et lorsqu'il avait tracé d'une façon bien précise ce qu'il entendait exprimer, Charles Le Brun remettait son dessin à Audran qui devait le grandir, le transporter sur la muraille ou sur la toile et l'ébaucher assez complètement pour que le maître n'eût plus en reprenant le travail qu'à le parfaire. Claude Audran exécuta de cette façon un grand nombre de peintures tant dans la galerie d'Apollon au Louvre, que dans les appartements du château de Versailles. La plupart de ces peintures n'ont jamais porté le nom d'Audran qui ne jouait dans tous ses travaux qu'un rôle de praticien, mais en exerçant sa main, en mettant son talent au service d'autrui, il ne tarda pas à acquérir une expérience du métier qui, dans la suite, lui fut très profitable.

Guillet de Saint-Georges, dans la notice consacrée à Claude Audran, énumère la plupart des tableaux de cet artiste et indique le nom des monuments qui les renfermaient de son temps ou des personnes qui les avaient commandées. Nous ferons plus loin un extrait de cette notice qui permettra de se rendre compte des travaux considérables exécutés par Claude Audran.

Le 27 mars 1675, Claude Audran fut reçu membre de l'Académie royale de peinture et de sculpture sur le tableau de la *Cène*; l'année suivante, le 3 juillet 1676, il était nommé adjoint à professeur; le 29 novembre 1681, il devenait professeur, et, le jour même où lui fut conféré ce titre, son plus jeune frère Gérard Audran obtenait le grade de conseiller de l'Académie, récompense la plus haute à laquelle pût prétendre un graveur dans la docte assemblée. « Pour lui, dit Guillet de Saint-Georges, en parlant de Claude Audran, pendant ces différentes situations, il attira l'estime et l'amitié de tout le corps par son humeur douce et traitable et par son assiduité à remplir ses devoirs avec exactitude. »

Claude Audran mourut le 4 janvier 1684, au moment où il venait de terminer pour les Chartreux de Paris *le Miracle des cinq pains*. Guillet de Saint-Georges se trompe, lorsqu'il nous dit que sa mort arriva en 1683; le billet de faire part suivant, publié par M. O. Fidière, nous renseigne à ce propos d'une façon précise :

« Vous estes priez d'assister au convoy, service et enterrement de deffunt Monsieur Audran, peintre ordinaire du Roy et professeur en l'Académie royale de peinture et sculpture, décédé en sa maison, rue d'Orsi, qui se fera le jeudy sixiesme jour de janvier 1684, à dix heures précises du matin, en l'église Saint-Roch, sa paroisse, lieu de la sépulture, où Messieurs et dames se trouveront s'il leur plaist. »

Claude Audran ne fut pas marié, et Jal, dans son précieux dictionnaire, a fait erreur, lorsqu'il dit qu'il épousa Jeanne Chéron ou Cizeron, qui était la femme de Germain, le frère aîné de ce Claude.

Le nom de Claude Audran se lit fréquemment dans les *Comptes des bâtiments du Roi*, publiés par M. J. Guiffrey, mais il n'apparaît que pour des acomptes qui lui sont payés à des époques indéterminées, à la suite de travaux pour Versailles et pour les Tuileries signalés plus loin ; nous n'avons donc pas cru utile de reproduire ici ces mentions, que l'on sera toujours à même de consulter dans la collection des *Documents inédits*.

LISTE DES PRINCIPAUX TRAVAUX DE CLAUDE II AUDRAN

Triomphe de Neptune. Ébauche pour Ch. Le Brun. Galerie d'Apollon, au Louvre.
Fresques dans la chapelle de Sceaux, pour Colbert.

Les Nations de l'Asie. Fresques pour le grand escalier du château de Versailles.

Bas-reliefs et Figures au-dessus de la corniche de la galerie où le Roi donne ses audiences aux Tuileries. En collaboration avec Houasse et Jouvenet. Ce sont des copies des peintures d'Annibal Carrache, au palais Farnèse.

L'Histoire, figure allégorique. Tableau pour le dessus de cheminée dans le petit cabinet de Monseigneur, aux Tuileries.

La Poésie, figure allégorique. Tableau pour le petit cabinet de Monseigneur, aux Tuileries.

Cyrus à la chasse au sanglier. Salon de Diane, au château de Versailles.

Jules César envoie une colonie romaine à Carthage. Salon de Diane, au château de Versailles.

Diane dans son temple. Salon de Diane, au château de Versailles.

Mars monté sur un char traîné par des loups. Salle des Gardes, au château de Versailles.

César passant en revue ses légions. Salon de Mars, au château de Versailles.

Démétrius Poliorcète prenant d'assaut une ville. Salon de Mars, au château de Versailles.

Vénus recevant les armes d'Énée. Tableau de cheminée dans l'appartement des Bains, au château de Versailles.

La Justice et la Religion. Figures allégoriques plus grandes que nature, destinées aux deux côtés du cadran, dans la grande salle du Palais, à Paris.

Saint Cajetan. Tableau pour l'église des Théatins.

La Cène. Morceau de réception de Claude Audran à l'Académie royale de peinture, le 27 mars 1675.

Décollation de saint Jean-Baptiste. Tableau offert par la corporation des orfèvres à Notre-Dame de Paris, en 1674.

Différents attributs de la Justice. Tableaux destinés à décorer la maison de M. de Malleville, conseiller à la Cour, au faubourg Saint-Germain, rue du Vieux-Colombier.

L'Aurore. — Le Silence. — Le Sommeil. Plafond pour l'hôtel du libraire Dezallier, rue Saint-Jacques.

Ornements d'architecture, Livres, Instruments de musique, Singe et Perroquet. Plafond pour l'hôtel du libraire Dezallier, rue Saint-Jacques.

Caïn tuant Abel. Tableau pour le libraire Dezallier, rue Saint-Jacques.

Mort de Didon. Tableau pour un particulier que Guillet de Saint-Georges ne nomme pas.

La Peinture. Figure allégorique entourée d'attributs qui a été gravée par Gérard Audran dans « le Cabinet des Beaux-Arts ou Recueil d'estampes gravées d'après les tableaux d'un plafond où les beaux-arts sont représentés... 1640. » In-fol obl. Ce plafond se trouvait dans l'hôtel de Perrault, contrôleur des bâtiments du Roi.

Saint Louis enterrant les soldats après le siège de Tunis. — Saint Denis, Saint Rustique et Saint Éleuthère. Ces deux tableaux ont été exécutés pour l'église des Chartreux de Paris.

La Gloire des Bienheureux. Tableau appartenant à M. Dumoulin, prêtre de l'église Saint-Germain-l'Auxerrois, à Paris.

Jésus en prières au Jardin des Olives. Tableau appartenant à M. Dumoulin, prêtre de Saint-Germain-l'Auxerrois, à Paris.

Le Prince de Furstemberg attaqué, aux environs de Cologne, par des cavaliers allemands. Tableau exécuté en 1675 par Claude Audran pour M. Breget, intendant du cardinal, prince de Furstemberg.

La Valeur, sous la figure de Mars, plafond, et quatre figures allégoriques représentant les vertus chrétiennes et morales héréditaires dans la maison de Furstemberg. Peintures exécutées à Saverne, en Alsace, dans le palais de l'évêque de Strasbourg.

Le Miracle des cinq pains. Tableau exécuté pour les Chartreux de Paris, en 1683, et conservé aujourd'hui dans l'église des Blancs-Manteaux. C'est le dernier ouvrage de Claude Audran. Il a été gravé par Jean Audran.

Saint Bruno prêchant devant les docteurs. Tableau exécuté pour les Chartreux de Bourg-Fontaine, près de Villers-Cotterets.

Apparition de la Vierge et de saint Pierre aux Chartreux. Tableau exécuté pour les Chartreux de Bourg-Fontaine, près de Villers-Cotterets.

Saint Bruno excite ses amis à embrasser la vie monastique. Tableau demeuré inachevé, qui était destiné aux Chartreux de Bourg-Fontaine, près de Villers-Cotterets.

GÉRARD AUDRAN

Les artistes qui appartiennent à une famille dans laquelle les beaux-arts sont depuis longtemps en honneur jouissent de ce privilège de ne pas avoir, à leurs débuts, à lutter contre l'opposition formelle ou les inquiétudes souvent très légitimes de parents qui cherchent à les détourner d'une profession vers laquelle ils se sentent attirés; ils trouvent autour d'eux des maîtres dévoués qui guident leurs premiers essais et des conseillers affectueux qui les mettent à même de profiter de leur expérience et de leur savoir. Gérard Audran fut au nombre de ces privilégiés; son père était graveur, son oncle l'était également; de ses deux frères, l'un était peintre, l'autre graveur; toute sa famille occupait déjà dans les arts une place de quelque importance, lorsque le jeune artiste entra dans la carrière. Cette hérédité dans le talent et la poursuite de la voie tracée par ses ancêtres indiquent chez lui un amour inné de l'art et en même temps honorent une profession.

Gérard Audran naquit à Lyon le 2 août 1640, rue des Forces, et fut baptisé dans l'église Saint-Nizier; son parrain fut Girard Cibert, maître sculpteur. Il reçut les premières leçons de dessin de son père Claude Audran, qui ne put guère enseigner à son fils que les éléments d'un art qu'il connaissait imparfaitement; des dispositions naturelles et un travail opiniâtre lui furent plus secourables d'ailleurs que n'auraient pu l'être les meilleurs maîtres; il eut la sagesse de consacrer à l'étude du dessin une attention particulière et, grâce à cette louable précaution, quelquefois imprudemment négligée par les artistes qui se destinent à l'art de la gravure, il acquit une sûreté de main et une science qu'aucun de ses prédécesseurs n'avait connues. Il n'échappa pas à la loi commune; il ne se rompit à toutes les difficultés du métier qu'à force d'étude et de travail. Longtemps avant de mettre au jour ces estampes admirables qui lui assignent la première place parmi les graveurs d'histoire de l'école française, et peut-être de toutes les écoles, il avait livré à la circu-

PORTRAIT DE GÉRARD AUDRAN.

lation certaines images de piété ou quelques vignettes destinées à orner des livres. Ces menus travaux, en révélant une habileté de main incontestable, n'accusaient encore qu'une connaissance incomplète du dessin.

GÉRARD AUDRAN. — PORTRAIT DE JORDANUS HILLING.

Un voyage d'Italie entrepris à temps détermina, chez Gérard Audran, un progrès sensible. L'étude attentive des chefs-d'œuvre répandus à Rome en profusion apporta promptement une modification considérable dans la manière de dessiner de l'artiste. Avant de s'être bien pénétré des merveilles de toute nature qui s'offraient à lui, Gérard Audran, à son arrivée à Rome, en 1666, semble, en signant le portrait de *Samuel Sorbière*, avoir voulu montrer au maître, sous la discipline de qui il se mettait, ce qu'il était capable de faire. Dans cet ouvrage et dans le délicat petit portrait de *Jordanus Hilling*, qui doit avoir été gravé à la même époque, comme dans les œuvres publiées précédemment portant le nom de Gérard Audran, le burin est encore exclusivement employé, mais ce burin est déjà souple et précis sans sécheresse ; il produit même un travail assez coloré pour avoir trompé un expert fort intelligent du xviiie siècle, P. Remy, qui attribue à Gérard Édelinck le portrait de J. Hilling [1].

Ces deux portraits donnent une idée exacte des progrès accomplis par Gérard Audran depuis ses débuts en France jusqu'à son arrivée en Italie. Devenu maître du procédé, rompu à toutes les difficultés du dessin, il va, en abordant des sujets plus vastes et de plus grande importance, appeler à son secours toutes les ressources d'un art qu'il connaît déjà à fond et associer avec une habileté toute nouvelle les travaux de la pointe à ceux du burin; ces outils, se prêtant un mutuel appui, permettent d'obtenir une souplesse dans le modelé et une transparence de ton que chacun d'eux, manié isolément, serait incapable de produire. Un plafond du palais Sacchetti, peint par Pietre de Cortone, fournit à Gérard Audran l'occasion de mettre à profit les qualités qu'il avait acquises, et ces planches, gravées largement, avec une aisance inconnue précédemment, établirent d'une façon sérieuse la renommée du jeune maître. Un graveur d'histoire était acquis à la France, et le bonheur voulut que ce graveur, après avoir puisé son savoir aux sources mêmes de l'art, mît presque toujours au service d'œuvres françaises son merveilleux talent.

Après avoir subi, en effet, l'influence à laquelle n'échappe aucun artiste séjournant à Rome, après avoir payé son tribut d'admiration à

---

1. On lit en effet dans le « Catalogue des planches gravées vendues après le décès de Michel Audran (1771) » : N° 146. *Jordanus Hilling* : *Gérard Edelinck sculp. Romæ* (d'après Nicolas de Largillière, si l'on en croit le rédacteur du Catalogue).

GÉRARD AUDRAN. — FRAGMENT DU « PASSAGE DU GRANIQUE » PAR ALEXANDRE.
d'après Ch. Le Brun. — (Préparation.

GÉRARD AUDRAN. — LA NOBLESSE.
Grisaille de Raphaël au Vatican.

GÉRARD AUDRAN. — LA NAVIGATION.
Grisaille de Raphael au Vatican.

certains ouvrages de Raphael et de Dominiquin et après avoir multiplié plusieurs peintures de Pietre de Cortone, Gérard Audran revint en France à la sollicitation de Colbert. Sa réputation avait devancé son retour; quelques épreuves des planches qu'il venait de graver en Italie étaient déjà connues à Paris. Charles Le Brun, qui les avait vues et qui n'avait pas eu de peine à discerner ce qu'elles contenaient de supérieur et de véritablement remarquable, signala au premier ministre les travaux du jeune artiste. Il fit comprendre à Colbert l'importance qu'il y aurait à donner à Gérard Audran une situation qui le fixât désormais en France. Jean-Baptiste Colbert n'était pas homme à ne pas tenir compte de la recommandation de Le Brun; il assura à Audran un logement aux Gobelins, le nomma graveur ordinaire du Roi et, ce qui peut être regardé comme un service plus grand rendu à l'art, il lui confia la gravure des *Batailles d'Alexandre*, que Charles Le Brun venait de terminer. Dans les grandes entreprises, les hommes d'une valeur véritable se font mieux connaître que dans les travaux ordinaires; s'ils ont une science réelle, ils sont à même de la montrer au grand jour et de conquérir de suite le rang élevé auquel ils ont le droit de prétendre; s'il en est autrement, leur ignorance même les confond, et l'échec public qu'ils subissent leur enlève jusqu'au droit de se plaindre.

Gérard Audran sortit vainqueur de l'épreuve à laquelle il avait été soumis; les quatre estampes qu'il grava, en l'espace de six années, d'après les peintures de Charles Le Brun, furent, à leur apparition, — et la postérité a ratifié ce jugement, — regardées comme les meilleures productions de la gravure française [1]. Le Brun lui-même, si l'on en croit une tradition qui paraît tout d'abord peu conforme au caractère despotique de ce grand peintre, aurait proclamé que Gérard Audran avait embelli ses tableaux; enfin l'Académie royale, voulant donner un témoignage public de son admiration pour la haute valeur de Gérard Audran, l'appela

---

1. Gérard Audran toucha pour la gravure des planches le *Passage du Granique*, la *Bataille d'Arbelles* et le *Triomphe d'Alexandre,* 10,795 livres (Archives nationales, Bâtiments du Roi, 1676. p. 110 verso [O.10,405]). 13 Décembre 1676. *Au Sr Audran pour son parfait paiement de 10,795 livres pour les trois planches de l'histoire d'Alexandre*. Le premier acompte fut payé le 22 février 1671. En additionnant les différents acomptes reçus par Gérard Audran pour la planche du *Porus blessé*, nous arrivons à la somme de 4,331 livres 5 sols. Le dernier acompte est du 18 juillet 1678. Pour la cinquième pièce qui compose cette suite, *la Tente de Darius*, Gérard Édelinck reçut 5,500 livres.

GÉRARD AUDRAN. — DAVID PARTANT POUR ALLER COMBATTRE GOLIATH,
d'après Pietre de Cortone. — Plafond du palais Sacchetti, à Rome.

GÉRARD AUDRAN. — LE TRIOMPHE DE LA VÉRITÉ,
d'après Nicolas Poussin.

GÉRARD AUDRAN. — L'AURORE,
d'après Eustache Lesueur.

dans son sein le 31 mars 1674. Jamais choix n'avait été plus heureux, jamais récompense n'avait été mieux méritée ; la *Bataille d'Arbelles*, terminée cette année même, donnait pleinement raison à cet acte de justice et les autres planches qui virent le jour à peu de temps de là prouvèrent surabondamment le bien fondé d'une semblable faveur. Nous ne pouvons mentionner ici toutes les estampes véritablement admirables qui furent mises au jour par Gérard Audran après son entrée à l'Académie royale de peinture et de sculpture. Les œuvres de Nicolas Poussin, d'Eustache Lesueur et de Pierre Mignard fournirent au burin du maître, concurremment avec les peintures de Charles Le Brun, des modèles excellents qu'il traduisit avec une rare habileté ; et s'il était nécessaire de désigner, parmi ces planches exécutées avec toutes les ressources d'un talent arrivé à sa pleine maturité, une estampe qui réunit les conditions les plus élevées de l'art et les témoignages les plus éclatants du savoir, quoique le nombre des pièces excellentes soit grand dans l'œuvre d'Audran, nous n'hésiterions pas à choisir *le Triomphe de la Vérité*, d'après Nicolas Poussin, planche admirable entre toutes, dans laquelle l'artiste semble avoir dit le dernier mot de l'art du graveur. Si cette estampe surpasse à nos yeux ses aînées, et si nous croyons reconnaître en elle certaines qualités particulièrement appréciables, c'est que le graveur nous paraît ici, plus encore qu'en aucune autre occasion, avoir su mettre à profit l'alliance de l'eau-forte et du burin ; chaque partie du sujet est traitée avec un travail différent, approprié à l'effet qu'elle doit produire ; la consistance des chairs caressées par un air limpide et pur contraste, sans rompre l'unité de l'aspect, avec la solidité des draperies et avec la transparence de l'air lui-même. Malgré ce contraste volontaire qui a son équivalent dans la nature et qui accuse la diversité des choses, Gérard Audran a su, à l'aide de travaux habilement fondus, conserver l'harmonie générale de la planche, et, chose plus difficile encore, accuser assez peu le travail de l'outil pour que la composition seule apparaisse, entourée de tout le charme qu'apporte avec elle une interprétation absolument supérieure.

Le 29 novembre 1681, l'Académie royale accorda à Gérard Audran le titre de conseiller. Ce nouveau grade complétait la somme d'honneurs officiels auxquels pouvait prétendre un graveur et venait à propos sanctionner le succès qu'obtenaient journellement dans le public les productions de l'illustre maître. L'absence de dates positives sur la plupart

GÉRARD AUDRAN. — LE MARIAGE DE LA VIERGE,
d'après Nicolas Poussin.

des estampes dues à son burin ne nous permet pas de suivre au jour le jour les progrès ou les défaillances de son talent. *Quatre statues*, d'après Michel Anguier, Gaspard de Marsy et François Girardon (1680-1681), une *Allégorie sur la Paix* (1680) et le *Portrait d'Henri Arnault* (1685), sont les seules pièces de l'œuvre de Gérard Audran qui portent une date rapprochée de sa nomination de conseiller, et elles n'occupent, ni les unes, ni les autres, dans l'ensemble de ses travaux, une place assez importante pour qu'il soit possible de formuler, d'après elles, un jugement certain sur les estampes qu'il grava à la fin de sa carrière. Un livre curieux et digne d'être recherché, aussi bien pour la beauté des figures qui y sont reproduites et pour l'habileté avec laquelle elles sont gravées que pour les deux feuillets de texte qui les accompagnent : *les Proportions du corps humain mesurées sur les plus belles figures de l'antiquité* (Paris, Gérard Audran, 1683), nous informe que la pratique assidue de la gravure ne suffisait pas à l'activité de Gérard Audran, et que le talent qu'il avait acquis, il le devait aussi à des travaux d'un autre ordre et à l'étude constante des chefs-d'œuvre dans quelque branche de l'art qu'ils se produisissent : « Au reste, ne trouvez pas mauvais, dit-il à la fin de la préface de ce livre, que je vous vante ici mon ouvrage : la principale gloire n'est pas pour moy, c'est l'antique que je vante ; l'antique me présente des ouvrages admirables ; j'en fais mon étude particulière, je luy dois le peu que je scay, je prens soin d'en ramasser les mesures pour en mieux examiner les beautés, et je vous les offre, souhaitant que vous en recueilliez tout le fruit qui s'en peut tirer. » Ces paroles, sur les lèvres de Gérard Audran, ont la valeur d'un enseignement; elles témoignent une fois de plus que, si l'étude des grands modèles n'engendre pas nécessairement le talent, elle donne du moins le discernement indispensable pour distinguer dans l'art ce qui est, avant tout, appréciable, la beauté. Par cet ouvrage, résultat d'un travail pénible. nous apprenons aussi à connaître un des côtés intimes de l'existence de Gérard Audran, existence exempte, comme celle de la plupart des travailleurs opiniâtres, de traits saillants et d'accidents particuliers.

Gérard Audran mourut à Paris le 25 juillet 1703, à l'âge de soixante et un ans, et son inhumation eut lieu le lendemain, comme en fait foi le billet suivant publié par M. O. Fidière :

« Vous estes prié d'assister au convoy et enterrement de Mon-

GÉRARD AUDRAN. — RAVISSEMENT DE PROSERPINE,
d'après Fr. Girardon.

sieur Girard Audran, graveur ordinaire du Roy, conseiller en son Académie royale de peinture et sculpture, décédé en sa maison, rue S. Jacques ; qui se fera cejourd'huy 26e juillet 1703 à sept heures du soir, en l'église de St Benoist, sa paroisse, où il sera inhumé. »

Il avait épousé Hélène Licherie, sœur du peintre Louis Licherie, qui mourut le 4 décembre 1718, à l'âge de quatre-vingt-un ans ; il eut de ce mariage plusieurs filles : Marie-Françoise, baptisée le 25 septembre 1678, morte le 1er juin 1688 ; Hélène, née le 16 mars 1680, morte en naissant, et une seconde Hélène Audran, née le 14 décembre 1681, mariée en premières noces à M. Caquet, trésorier du Roi, fermier général, écuyer, conseiller et secrétaire de Sa Majesté, et en secondes noces à M. Pageau, secrétaire du Roi. Cette fille de G. Audran mourut le 7 août 1756, ne laissant qu'un fils de son premier mariage[1]. La vie tout entière de Gérard Audran fut consacrée au travail et, selon la coutume adoptée par plusieurs graveurs, ses contemporains, il tenait boutique et vendait des estampes *rue Saint-Jacques, aux Deux Piliers d'or.* Le commerce auquel il se livrait, commerce qui ne s'appliquait pas uniquement aux œuvres gravées par lui, explique le mot *excudit* que l'on lit à la suite de son nom au bas d'un certain nombre de planches auxquelles il ne mit sûrement pas la main et qui portent d'ailleurs quelquefois le nom ou la marque d'artistes connus ; il explique en même temps comment quelques historiens de la gravure, s'autorisant de cette signature, ont attribué à Gérard Audran des planches qui ne rappellent en aucune façon sa manière et qu'il se contentait d'exposer en vente.

[1]. Em. Bellier de la Chavignerie, dans sa notice sur Licherie, parle d'une fille de Gérard Audran, nommée Marie, morte à l'âge de six mois et inhumée à Houdan, le 21 juin 1636.

SIGNATURE DE GÉRARD AUDRAN,
provenant de la Collection de M. Benjamin Fillon.

GÉRARD AUDRAN. — ALLÉGORIE SUR LA PAIX.

CLAUDE III AUDRAN

Claude III Audran, né à Lyon le 25 août 1658, était le fils aîné de Germain Audran; il eut, comme peintre décorateur, une réputation fort méritée. Le petit nombre de peintures qui subsistent de lui nous le font connaître comme un inventeur ingénieux et abondant et comme un praticien fort habile.

Claude Audran fut un des maîtres d'Antoine Watteau et Gersaint, dans la notice qu'il a consacrée au peintre valenciennois, s'exprime ainsi : « Watteau entra ensuite (en sortant de l'atelier de Claude Gillot) chez M. Audran du Luxembourg qui se trouvoit très occupé à des Camayeux et à des Arabesques dans lesquels on donnoit beaucoup en ce tems-là et que l'on plaçoit tant dans les plafonds que sur la boiserie des grands cabinets. Il se procura chez lui une vie plus douce et M. Audran qui trouvoit son compte dans la facilité et l'exécution prompte du pinceau de notre jeune peintre, lui rendit la vie plus aisée à proportion du bénéfice que ses ouvrages lui occasionnoient. Ce fut chez lui qu'il prit goût pour les ornemens dont nous avons plusieurs échantillons dans les morceaux de ce genre que l'on a gravés d'après lui. Watteau cependant qui ne vouloit pas en demeurer là, ni passer sa vie à travailler pour autrui et qui se sentoit en état d'imaginer, hazarda un tableau de génie qui représente un départ de troupes et qu'il fit à ses tems perdus : il le montra au sieur Audran pour lui en demander son avis. Ce tableau est un des deux que M. Cochin le père a gravés. Le sieur Audran, habile homme, et en état de juger d'une belle chose, fut effrayé du mérite qu'il reconnut dans ce tableau ; mais la crainte de perdre un sujet qui lui étoit utile et sur lequel il se reposoit assez souvent pour l'arrangement et même pour la composition des morceaux qu'il avoit à exécuter, lui conseilla légèrement de ne point passer son tems à ces sortes de pièces libres et de fantaisies qui ne pourroient que lui faire perdre le goût dans lequel il donnoit. Watteau n'en fut point la dupe ; le parti ferme qu'il avait pris de sortir, joint à un

CLAUDE III AUDRAN. — PANNEAUX D'ORNEMENT.

petit désir de revoir Valenciennes, le déterminèrent totalement. Le prétexte d'aller voir ses parens lui servit de moyen honnête..... » (Catalogue de Quentin de Lorangère, 1744, p. 176.)

Quelle qu'ait été la situation de Watteau vis-à-vis d'Audran, il n'en est pas moins certain que le maître eut sur le talent de son disciple une salutaire influence. Les leçons de Claude Gillot et de Claude Audran furent très profitables à Watteau qui sut, à un moment donné, se créer une manière personnelle, mais qui eut pour ancêtres directs les deux artistes auxquels il avait été tout d'abord demander conseil et protection. Si Gersaint semble faire entendre que Watteau fut en plusieurs circonstances fort utile à Claude Audran, Pierre-Jean Mariette, qui ne cherche pas à faire un *éloge*, reconnaît volontiers que Claude Audran est un artiste de très réelle valeur qui pouvait parfaitement à lui seul acquérir la célébrité ; il s'exprime ainsi au sujet de Claude Audran dans les notes qui accompagnent l'édition de 1752 de la *Description de Paris* de Germain Brice (tome III, p. 404, 405) : Claude Audran, concierge du Palais du Luxembourg, « est regardé avec justice comme un des premiers dessinateurs qui aient jamais paru pour les Arabesques et les grotesques. Ce sont des compositions d'ornements légers et agréablement distribués, qui étoient en usage chez les Anciens et qui ont été renouvelés par le fameux Raphael. Ils sont devenus fort en vogue ; on en orne les lambris et les plafonds des plus petites pièces et ils produisent un effet charmant lorsqu'ils sont imaginés avec goût et qu'ils sont exécutés avec autant de soin que tout ce qui l'a été en ce genre par Claude Audran. On en peut juger par plusieurs de ses ouvrages qui sont répandus en différents endroits particulièrement dans le château de Meudon, dans celui d'Anet, dans la ménagerie de Versailles et dans le château de la Muette, où il a fait des choses dignes d'admiration, plus belles et plus ingénieuses que tout ce qui s'était encore vu jusqu'ici en France dans ce genre singulier. Il a aussi inventé une nouvelle fabrique de tapisserie dont le plafond est une toile cirée préparée, sur laquelle on applique des laines hachées ou broiées, de différentes nuances et couleurs, selon que le sujet le demande. Ces tapisseries ont été bien reçues ; la beauté des dessins a beaucoup contribué à en relever le mérite. »

Cette manufacture de tapisseries, nous la trouvons mentionnée également dans *Séjour à Paris*, par J. C. Nemeitz (Leyde, 1727, p. 379), mais nous ne savons pas quel fut son sort. Les historiens modernes de la

CLAUDE III AUDRAN. — PANNEAUX D'ORNEMENT.

tapisserie n'en font pas mention, et nous ne saurions leur en faire un bien vif reproche : peut-on bien en effet considérer comme une tapisserie cette accumulation de laine coupée, fixée sur de la toile cirée, formant des dessins peut-être fort beaux, mais procédant de moyens très différents de ceux en usage chez les tapissiers ?

Claude III Audran, qui ne fut pas marié, mourut fort âgé, au Luxembourg, le 28 mai 1734. Il était concierge du Palais depuis le 5 juillet 1704.

PEINTURES DE CLAUDE III AUDRAN

Château de Meudon. Plafonds des trois pièces qui suivent l'appartement du Roi.

Château d'Anet. Le plafond du salon est formé de petites figures d'animaux, d'oiseaux et d'amours peintes par Audran.

Versailles. La Ménagerie. Petit château construit par J. H. Mansard. « L'appartement qui est à main gauche est composé de cinq pièces, dont les plafonds présentent des arabesques peintes sur des fonds d'or, et dont les fables de La Fontaine ont fourni les sujets. Ces riches ornements ont été exécutés avec beaucoup d'élégance et de goût par les Audran. » (D'Argenville, *Voyage aux Environs de Paris*, 1768, p. 149.)

GABRIEL AUDRAN

Ce Gabriel Audran, désigné comme peintre et sculpteur des bâtiments du Roi et comme frère de Claude III Audran à l'enterrement de celui-ci, n'est cité nulle part et nous empruntons aux *Actes d'état civil d'artistes français*, publiés en 1873 par M. Herluison, l'acte de décès suivant qui concerne cet inconnu :

« L'an 1740, le 15 mars, a été inhumé dans cette église (Saint-Hippolyte) le corps de Gabriel Audran, bourgeois de Paris, décédé hier, âgé de quatre-vingts ans, décédé en l'hôtel royal des Gobelins et en présence de Jean Audran, graveur, frère, de Benoît Audran et de Michel Audran, neveux, qui ont signé. »

A cet acte de décès nous joignons, vu la pénurie de documents dans laquelle nous sommes, le billet de part qui a paru dans le *Bulletin de la Société de l'histoire de l'art français*, janvier 1877, p. 99, accompagné d'une note de M. J. Houdoy :

« Vous estes priez d'assister au convoy et enterrement de Gabriel Audran décédé en l'hostel royal des Gobelins chez Monsieur son frère, graveur ordinaire du Roy, pensionnaire de Sa Majesté et de son Académie royale de peinture et de sculpture, qui se fera aujourd'huy mardi, quinzième mars 1740, à six heures du soir, en l'église de Saint-Hippolyte, sa paroisse, où il sera inhumé.

« *Requiescat in pace.* »

BENOIT IER AUDRAN

Benoît Audran, né à Lyon le 23 novembre 1661, était le troisième fils de Germain Audran. Il quitta fort jeune sa ville natale pour venir se

PORTRAIT DE BENOIT Ier AUDRAN.

mettre sous la direction de son oncle Gérard, qui était plus apte que qui que ce soit à lui donner de bons conseils et à le diriger dans la voie qu'il

BENOIT 1ᵉʳ AUDRAN. — L'ANNONCIATION,
d'après François Verdier.

BENOIT Ier AUDRAN. — LA MALADIE D'ALEXANDRE,
d'après Eustache Lesueur.

BENOIT Ier AUDRAN. — LA PEINTURE,
d'après Claude Audran.

entendait suivre. Sous la direction d'un tel maître, il fit de rapides progrès et put bientôt voler de ses propres ailes.

Après avoir signé un grand nombre d'images de piété gravées avec plus de soin que ne l'est d'ordinaire ce genre d'estampes, après avoir exécuté d'après Antoine Dieu, d'après Hallé et d'après Coypel, quelques vignettes destinées à accompagner un texte ou à être insérées dans des ouvrages imprimés, il mit son nom au bas de plusieurs planches qui lui assignent un rang distingué parmi les graveurs français. Le talent de Benoît Audran fut fort inégal : tantôt il chercha à rappeler le talent de son maître et à donner aux tailles de son burin un brillant et un moelleux qui n'étaient pas dans son tempérament ; il forçait sa manière et, quelque habile que soit le travail de *l'Architecture* d'après Boulogne et de *la Peinture* d'après Claude Audran, ces deux estampes ne peuvent être comptées parmi les meilleures de l'œuvre de notre artiste ; elles procèdent directement de la manière mise en honneur par Gérard Audran, mais précisément parce qu'elles accusent une imitation, elles offrent moins d'intérêt que les estampes dans lesquelles Benoît Audran laisse un libre cours à ses instincts et grave selon son goût propre, sans se préoccuper de suivre une trace quelconque. Il ne se montre véritablement bien inspiré devant des œuvres de coloristes que lorsqu'il s'attaque à Rubens. Dans la série célèbre de peintures consacrées à la gloire de Marie de Médicis, il eut mission de graver *l'Accouchement de la reine* et *l'Échange des deux reines*. Guidé par les peintures puissantes du grand maître flamand, il se fit violence et sut transporter sur le métal l'harmonie vigoureuse des tableaux ; son burin habituellement un peu timide s'enhardit devant ces grandes œuvres et, cette fois du moins, Benoît Audran se montra le digne émule de Gaspard Duchange, de son frère Jean Audran, d'Antoine Trouvain et de J. B. Massé à qui avait été confié le soin de reproduire cette série de peintures destinées à la galerie du Luxembourgt

La meilleure planche de l'œuvre de Benoît Audran est gravée d'après Eustache Lesueur et représente *la Maladie d'Alexandre*. En face de cette peinture pâle et presque sans effet dont le mérite principal réside dans l'expression de chaque physionomie, dans la disposition de la scène et dans l'agencement de chaque figure, Benoît Audran a trouvé un modèle qui répondait à ses instincts ; il a traduit admirablement à l'aide d'un burin, précis sans sécheresse, et scrupuleusement correct, ce tableau excellent et il a donné dans cet ouvrage la mesure complète de son savoir.

BENOIT Ier AUDRAN. — PORTRAIT DE MOLIÈRE,
d'après Mignard.

A côté de cette planche il convient encore de citer comme faisant honneur au talent de Benoît Audran *les Plaisirs des jardins*, reproduction d'un plafond de P. Mignard ; les portraits de *Jean-Paul Bignon*, d'après J. Vivien ; de *Fénelon*, d'après le même, 1714 ; de *Jacques Le Goux de la Berchère*, 1708, d'après Boulogne l'aîné, et de *Molière*, d'après P. Mignard ; les deux faces du tableau de David de Volterre, *David vainqueur de Goliath*, et une petite planche traitée avec liberté d'après François Verdier, *l'Annonciation*. Dans son œuvre assez nombreux on trouverait sans doute quelques autres planches dignes d'être étudiées, nous pensons qu'on n'en rencontrerait pas de meilleures que celles que nous venons de signaler ; aucune, en tout cas, ne saurait accuser plus ouvertement que Benoît Audran se trouve particulièrement dans son domaine lorsqu'il peut rendre avec simplicité un bon modèle et lorsqu'il n'a pas à lutter avec un coloris trop puissant ; son burin s'accommode mieux d'une œuvre sagement dessinée que d'une peinture empruntant au clair-obscur ses principales qualités ; c'est un graveur français proprement dit, un de ces artistes ayant puisé à l'école des peintres français ce respect de l'expression et des convenances pittoresques qui n'exclut pas la grandeur, mais qui préfère la sagesse à la fougue et l'harmonie des lignes aux hardiesses de la couleur.

Nous ne saurions passer absolument sous silence un livre célèbre accompagné de planches gravées par Benoît Audran, *les Amours pastorales de Daphnis et Chloé avec figures. 1718*. Les amateurs recherchent avec une ardeur peut-être excessive ce petit volume à cause des estampes qu'il renferme qui portent la signature : *Philipus inv. et pinxit. 1714.* Cette signature doit-elle être acceptée sans contrôle ? Dargenville affirme que le Régent peignit vingt-cinq tableaux relatifs à l'histoire de Daphnis et Chloé d'après un nombre égal de compositions d'Antoine Coypel ; ce sont ces peintures que Benoît Audran aurait gravées pour cette édition. Le rôle de Philippe d'Orléans dans tout cela nous semble assez peu important. Si ce sont ses copies qui ont servi de modèles à Audran, il ne faut pas oublier que le mérite de l'invention revient en entier au peintre célèbre ; de là à conclure que le Régent ne prit qu'une part assez mince au succès du livre, il n'y a qu'un pas. Les estampes de B. Audran sont habilement gravées et, quoique assez lourdes dans certaines parties, elles ne sont pas indignes d'être comprises parmi les planches les plus recommandables de son œuvre.

BENOIT 1er AUDRAN. — PORTRAIT DE J. P. BIGNON,
d'après J. Vivien.

Benoît Audran fut reçu à l'Académie le 27 juillet 1709, sur la présentation du *Portrait de J. B. Colbert*, d'après Claude Lefebvre, et d'une *Élévation de la croix*, d'après Charles Le Brun, deux ouvrages qui n'occupent pas dans l'œuvre de l'artiste une place importante; il fut nommé conseiller de l'Académie le 26 octobre 1715 et mourut dans sa terre de

BENOIT 1er AUDRAN. — TITRE DES « AMOURS DE DAPHNIS ET CHLOÉ ».

Louzouer, près de Montargis, le 2 octobre 1721. Il fut inhumé dans l'église de Louzouer en présence de son frère Gabriel que nous avons mentionné plus haut, mais sur la vie duquel nous ne sommes aucunement renseigné.

Un poète lyonnais, François Gacon, a adressé à son compatriote Benoît Audran une épître que nous reproduisons ici; si elle ne donne pas une haute idée du talent littéraire de Gacon, elle montre l'importance légitime que l'on accordait à Lyon à notre artiste et à sa famille :

ÉPITRE XVIII

A MONSIEUR BENOIST AUDRAN

Digne neveu d'Audran, honneur de ma patrie,
Artisan délicat, aprens moy, je te prie,
Comment si jeune encore, ta pointe et ton burin
Font si fort estimer les planches de ta main.
Le Brun que, de nos jours, maint graveur estropie
N'a point de traits hardis que ton art ne copie,
Et de ce fameux peintre exprimant les beautez
Tu sçais multiplier ses tableaux si vantez.
  Sa décente de croix, spectacle triste et sombre
Même sur le papier a des grâces sans nombre ;
Et quoy que dépourvu du secours des couleurs
Comme l'original il fait verser des pleurs.
Ce cadavre plombé que soutient Nicodême,
Inspire aux spectateurs une tristesse extrême
La Vierge cherche en vain l'usage de ses sens,
Ses yeux à moitié clos sont faibles, languissans,
La douleur dans son âme est toute concentrée ;
Madeleine, au contraire, en amante éplorée,
Pousse mile soupirs, et par de longs sanglots
Fait sur le mont sacré retentir les échos
L'apôtre bien aimé, seul disciple fidèle,
Dans ce triste appareil montre un cœur plein de zèle,
Il prend pour le Sauveur un soin officieux.
Sur son divin maître il attache ses yeux.
  Mais je ne pense pas qu'en vantant ta graveure
Mes vers n'en sont ici qu'une foible peinture,
Et qu'il faudroit avoir pour la bien exprimer
Le pinceau de Le Brun qu'elle sçait r'animer [1].

1. *Le Poète sans fard*, par Gacon, à Libreville, 1698. In-12, p. 141.

JEAN AUDRAN

Autant Benoît Audran semble avoir eu pour les œuvres des coloristes peu de prédilection, et n'avoir qu'accidentellement recherché l'occasion de les transporter sur le cuivre, autant son frère Jean Audran paraît avoir été préoccupé de rendre avec le burin l'effet puissant de certaines peintures colorées auxquelles il s'adressait de préférence. Les œuvres d'Antoine Coypel l'attirèrent fréquemment. Il grava d'après ce maître *Renaud et Armide*, *Psyché et Cupidon*, *Jacob demandant Rachel* et *l'Évanouissement d'Esther*. Ces planches, d'autres encore, telles que *Saint Benoît* et *Sainte Scholastique*, d'après Jean Restout, trois grandes estampes d'après Rubens pour l'histoire de Marie de Médicis, *Henri IV délibérant sur son futur mariage*, *le Roi partant pour la guerre d'Allemagne*, *le Couronnement de Marie de Médicis*, et le *Portrait de Pierre-Paul Rubens*, d'après A. van Dyck, témoignent des aptitudes singulières de Jean Audran à exprimer avec les moyens restreints dont dispose le graveur les différentes gammes de la palette, depuis les tons les plus puissants jusqu'aux nuances les plus douces, en se conformant toujours scrupuleusement aux lois sévères de l'harmonie. Jean Audran, disciple de son oncle Gérard, savait, comme lui, mélanger habilement les travaux de la pointe aux travaux du burin et tirer de ces deux outils savamment dirigés un excellent parti; il dessinait avec aisance et savait se plier aux exigences particulières des différents artistes auxquels il demandait des modèles; lorsqu'il pouvait être guidé par les peintres eux-mêmes, en suivant scrupuleusement leurs conseils et en se conformant aux observations qui lui étaient faites, il arrivait à rendre d'une façon très satisfaisante la forme des figures ou des objets, et l'aspect même des tableaux qu'il entendait reproduire; s'il ne pouvait avoir la bonne fortune, toujours si profitable aux graveurs, de vivre à côté des peintres

JEAN AUDRAN. — SAINT BENOIT,
d'après J. Restout

JEAN AUDRAN. — LE MARÉCHAL D'ESTRÉES.
d'après N. de Largillière.

JEAN AUDRAN. — PORTRAIT DE COYSEVOX.

d'après Rigaud.

dont il multipliait les ouvrages, il savait se pénétrer de leurs qualités, surprendre leurs procédés, et il s'efforçait, souvent avec succès, de faire dire à son burin ce que le pinceau du peintre avait entendu exprimer. Les grandes estampes d'après Rubens que nous, avons signalées plus haut, *le Couronnement de Marie de Médicis* entre autres, font le plus grand honneur à Jean Audran. Mener à bien des planches de cette dimension, savoir conserver l'harmonie à toutes ces figures sans en sacrifier absolument aucune, exprimer la fraîcheur des chairs en même temps que le brillant des étoffes et la somptuosité du cadre au milieu duquel la scène se passe, tout cela n'est pas une tâche facile, et Jean Audran s'en acquitta à son honneur. Il avait puisé à l'école de son oncle cette façon large de procéder, et cette intelligence des grandes compositions en même temps qu'un respect profond pour les ouvrages qu'il entreprenait de reproduire. S'il n'avait à sa disposition ni l'aisance magistrale de son oncle ni son incomparable facilité, il avait du moins une grande habileté à manier l'outil et une rare ardeur au travail. Pour se rompre à toutes les difficultés du métier, il avait copié, dans des dimensions fort restreintes, plusieurs estampes de Gérard Audran; il s'était pénétré ainsi de la manière de procéder du maître, il avait surpris ses secrets et dut amplement profiter de ces précieuses études. Outre quelques fragments de groupes empruntés aux compositions gravées par Gérard Audran, Jean Audran exécuta des copies absolument fidèles du *Passage du Granique* et de la *Bataille d'Arbelles*, de *l'Entrée d'Alexandre dans Babylone* et du *Portement de croix*. On sent, en examinant ces copies, que l'artiste n'a pas eu sous les yeux les tableaux, qu'il s'est uniquement attaché à reproduire en les réduisant les tailles du graveur, et que ces planches qui ont exigé un travail considérable étaient regardées par Jean Audran comme des études devant donner à sa main une souplesse qu'il ne pouvait acquérir sans un effort considérable.

Deux planches d'un tout autre aspect que celles que nous avons citées précédemment méritent encore d'être mentionnées: l'une d'elles, gravée un peu froidement, mais dans une gamme harmonieuse, retrace *l'Enlèvement des Sabines*, de Nicolas Poussin; l'autre reproduit un charmant tableau de Watteau, *l'Automne;* on ne peut imaginer plus de légèreté dans le travail et une meilleure entente de la manière du maître; Jean Audran ne grava que cette planche d'après Watteau, mais il se montra si

JEAN AUDRAN. — L'AUTOMNE,
d'après Antoine Watteau.

habile à traduire la peinture limpide et spirituelle qu'il avait sous les yeux, qu'il faut l'inscrire sur la liste des bons graveurs de Watteau.

A l'exception des portraits de *Noël Coypel* et d'*Antoine Coysevox* qui ouvrirent à Jean Audran les portes de l'Académie de peinture et de sculpture, on ne compte dans l'œuvre de cet artiste aucun portrait véritablement supérieur. La peinture d'histoire ou la peinture de genre l'attiraient plus que la physionomie humaine prise individuellement. Il s'adressa cependant à des peintres de valeur tels qu'Hyacinthe Rigaud, Tortebat, Nicolas de Largillière, J. Vivien et Ranc, mais son burin qui s'était montré si coloré devant les œuvres de Rubens et qui avait su donner une représentation excellente du portrait du maître peint par van Dyck devenait sans accent en face de certaines toiles qui étaient cependant fort dignes de l'inspirer heureusement. On retrouve encore dans les portraits de *Pierre-Clément Daffincourt* et de *Claude Cherir* une aisance dans l'exécution qui rappelle les bons ouvrages de Jean Audran, mais il n'en est plus de même dans ceux du duc d'Antin, de Rob. Secousse, du cardinal Ottoboni, d'Adrien Baillet et de Jean d'Estrées, qui sont froids et ternes. Ces ouvrages ne semblent pas appartenir au même artiste, qui se montra à certaines heures un des meilleurs élèves de Gérard Audran ; les qualités supérieures que l'on constate dans *le Couronnement de Marie de Médicis* et dans *Renaud et Armide* se sont tellement atténuées dans ces portraits qu'on aurait peine, si une signature formelle ne venait vous instruire, à attribuer au même graveur des planches aussi peu semblables.

Jean Audran, né à Lyon le 28 avril 1667, quatrième fils de Germain Audran, mourut à Paris le 17 juin 1756. « L'an 1756, le 18ᵉ juin, a été inhumé dans cette église (Saint-Hippolyte), le corps du sieur Audran, ancien marguillier de cette paroisse, graveur ordinaire du Roy, décédé hier en l'hostel des Goblins, âgé de 89 ans passés, en présence des sieurs Benoist et Gabriel Audran, ses fils, et sieurs Jean-Baptiste Hanneu, Jean Binet et François Dumeslé, marguilliers en charge de cette paroisse, lesquels ont signé avec nous. »

Jean Audran avait épousé Marie-Marguerite Dossier, qui mourut le 13 février 1714, en mettant au monde une fille qui fut inhumée le même jour que sa mère, comme en fait foi l'acte suivant :

« Le 14ᵉ jour de février 1714 ont été inhumés dans l'église (Saint-

JEAN AUDRAN. — L'ÉVANOUISSEMENT D'ESTHER.
d'après A. Coypel.

Hippolyte) les corps de *Marie-Marguerite D'Ossier*, femme de Monsieur Jean Audran, graveur ordinaire du Roy, demeurant dans l'hotel et manufacture royale des Goblins, marguillier en charge de cette paroisse, décédée le jour d'hier, aagée de 38 ans ou environ, et de *Geneviève-Suzanne*, fille du sieur Audran nommé ci-dessus et de deffunte Marguerite D'Ossier, ses père et mère, décédée aussi du jour d'hyer agée de 15 à 18 heures. En présence de Claude, Benoist et Michel Audran, tous enfants de la deffunte, de cette paroisse ; de D'Ossier bourgeois de Paris, parroisse Saint-Eustache, frère de la deffunte ; Michel d'Ossier, graveur du Roy, de la parroisse Saint-Jacques-la-Boucherie ; Gabriel et Benoist Audran, graveur ordinaire du Roy en son Académie, de la paroisse Saint-Sulpice, beau-frère de la deffunte, lesquels ont signé. »

M. Herluison a relevé sur les registres de l'état civil les actes relatifs aux enfants de Jean Audran qui sont au nombre de onze :

1° *Jean-Claude*, baptisé dans l'église de Saint-Séverin le 28 janvier 1697, et qui eut comme parrain son oncle Claude IIIe du nom ;

2° *Marie-Hélène*, née le 2 août 1697, baptisée à Saint-Séverin le lendemain, et qui eut pour marraine Hélène Licherie, femme de Gérard Audran, son oncle ;

3° *Benoît II*, baptisé le 18 février 1698, qui eut pour parrain Benoît Audran, et pour marraine Marguerite Assenet, femme de Michel Dossier ;

4° *Marie-Marguerite*, née le 17 janvier 1699, et baptisée à Saint-Séverin le dimanche 18 ; elle eut pour parrain Pierre Lépaultre, architecte et graveur du Roy, demeurant alors place Vendôme, et mourut le 7 août 1710 ;

5° *Marie-Antoinette*, née et baptisée le vendredi 22 janvier 1700 ;

6° *Michel*, né le 19 février 1701, et qui devint entrepreneur de tapisseries des Gobelins ; son parrain fut Michel Dossier, son oncle maternel, graveur du roi, domicilié rue de la Vannerie, paroisse Saint-Gervais ; sa marraine, Anne-Marie Bechet, femme de Pierre Drevet, aussy graveur du Roy, demeurant rue du Foin, paroisse Saint-Séverin ;

7° *Pierre*, né aux Gobelins le 21 octobre 1708. Son parrain fut Domnachin de Chavanne, peintre ordinaire du Roi aux Gobelins ;

8° *Nicolas*, né le 9 février 1710 ;

9° *Anne-Marguerite*, née le 3 octobre 1711, et qui eut pour marraine

JEAN AUDRAN. — L'ENLÈVEMENT DES SABINES, d'après Nicolas Poussin.

sa tante Marguerite Audran, et pour parrain le graveur Gaspard Duchange;

10° *Marie-Anne*, née le 10 mars 1713;

11° *Geneviève-Suzanne*, qui naquit aux Gobelins le 3 février 1714, et mourut peu d'heures après sa naissance ; elle fut baptisée cependant et eut pour parrain son frère Michel ; sa mère mourut en lui donnant le jour.

Leblanc, dans la généalogie de la famille Audran qu'il a dressée en tête du catalogue de ces artistes, et M. Édouard Michel donnent encore à Jean Audran un fils nommé Gabriel, graveur amateur, négociant dans les îles.

LOUIS AUDRAN

Louis Audran est un artiste fort médiocre. Les planches qu'il a gravées d'après Charles Le Brun, Nicolas Poussin et Sébastien Bourdon sont presque sans valeur ; non seulement elles sont dessinées et gravées lourdement, mais elles transmettent très imparfaitement le caractère des œuvres originales. Né à Lyon le 7 mai 1670, Louis Audran mourut subitement au palais du Luxembourg, à Paris, en 1712, chez son frère Claude Audran.

BENOIT II AUDRAN

Antoine Watteau est un des peintres français qui a été le mieux traité par les graveurs. Soit qu'il ait pris soin, comme P. P. Rubens, de surveiller de près et au besoin de corriger les estampes qui lui étaient soumises, soit qu'il ait pour ainsi dire dirigé un atelier de graveurs, il est certain qu'il trouva dans ses contemporains des interprètes tout à fait dignes de lui. A peine ses tableaux étaient-ils terminés qu'ils étaient confiés à des artistes qui s'empressaient de les fixer dans le métal et qui traduisaient dans toute leur fraîcheur ces toiles aimables et spirituelles.

Pour expliquer cette série de planches excellentes inspirées par les œuvres d'Antoine Watteau, il faut rappeler que les graveurs auxquels avait affaire le peintre étaient pour la plupart élèves de Gérard Audran et qu'ils avaient puisé à cette école une sûreté de main et une aisance dans le maniement de l'outil qui leur rendaient la tâche plus facile. Ces artistes, qui contribuèrent puissamment à répandre au loin la renommée de Watteau et à faire connaître ses ouvrages, se nommaient Laurent

PORTRAIT DE BENOIT II AUDRAN.

BENOIT II AUDRAN. — PORTRAIT DU FRÈRE BLAISE.

BENOIT II AUDRAN. — L'AMOUR DÉSARMÉ,
d'après Antoine Watteau.

Cars, Nicolas Cochin, Michel Aubert, Nicolas de Larmessin, J. Ph. Lebas, L. Surugue, H. S. Thomassin, L. Desplaces, B. Lépicié, et Benoît Audran ; ils avaient tous un égal respect pour les œuvres du maître, un égal souci de sa gloire, ils avaient en outre une manière assez semblable de travailler ; comme leur maître Gérard Audran, ils avançaient beaucoup leur travail à l'aide de la pointe et de l'eau-forte, et ils n'appelaient à leur secours le burin que pour accentuer les parties de la planche qui avaient besoin d'être particulièrement accusées. Telles eaux-fortes de ces artistes étaient déjà des œuvres charmantes et le burin très discrètement utilisé ne jouait qu'un rôle fort secondaire.

Il n'y a pas lieu ici de passer en revue tous les ouvrages de ces artistes qui, bien que formés à une même école, surent encore accuser çà et là leur personnalité ; mais il est à propos de dire que Benoît Audran occupe, parmi eux, un rang fort honorable.

Né à Paris le 17 février 1698, Benoît II Audran était fils de Jean Audran. Son père, qui avait appris de Gérard Audran les élémen ts de son art, transmit à Benoît les leçons qu'il avait reçues ; il inculqua au jeune artiste le goût du dessin et ne le laissa se livrer à la gravure que lorsqu'il le vit en mesure d'interpréter avec intelligence les peintures qui lui seraient soumises. Jean Audran, qui avait en lui de véritables instincts de coloriste, dirigea son fils dans la voie qu'il avait lui-même suivie et dans laquelle il avait obtenu de légitimes succès. Dans le *Cabinet Crozat*, Benoît II Audran grava d'après Michel-Ange de Caravage une *Bohémienne disant la bonne aventure* et, d'après Paul Véronèse, *Loth et ses filles sortant de Sodome* et *le Dégoût* ; plus tard Antoine Watteau l'occupa presque uniquement ; il grava successivement d'après ce maître : *l'Amour désarmé*, *le Retour de la chasse*, *le Concert champêtre*, *la Danse paysanne*, *les Amusements champêtres*, *le Passe-temps*, *Mezzetin* et *la Surprise*, et, d'après Nicolas Lancret, *le Printemps* et *le Feu*. Tous ces ouvrages se distinguent par une rare aisance dans le travail et par une entente de l'effet également rare. La planche n'est pas surchargée de tailles ; la lumière est formée par le blanc du papier qu'accompagnent quelques points habilement disposés reliant les parties sombres aux parties claires ; le burin, employé avec sobriété, vient à propos accentuer certains contours que la pointe a insuffisamment accusés et aider au modelé que l'eau-forte a pu négliger ; ces deux outils, se prêtant un mutuel secours, venaient, comme les différents tons, sous le pinceau du peintre, se compléter l'un par l'autre.

BENOIT II AUDRAN. — LE CONCERT CHAMPÊTRE,
d'après Antoine Watteau.

BENOIT II AUDRAN. — MEZZETIN,
d'après Antoine Watteau.

BENOIT II AUDRAN. — AMUSEMENTS CHAMPÊTRES,
d'après Antoine Watteau.

Le portrait du frère Blaise, feuillant, uniquement gravé à l'eau-forte d'après de Troy, fait encore singulièrement honneur au talent de Benoît II Audran. Cette planche de grande dimension est traitée avec une franchise et une aisance que l'on rencontre rarement, même au xviiie siècle. Dans cette estampe, Benoît Audran donna la mesure de son excessive habileté.

Benoît II Audran grava, pour *l'Europe illustre* d'Odieuvre, le portrait de son oncle Benoît Ier d'après une peinture de J. Vivien, et J. Michel, graveur avignonnais fort peu connu, nous conserva les traits de Benoît II. Au-dessous de l'eau-forte de J. Michel on lit ces vers :

> Héritier des vertus et du nom des Audran,
> Il partage leur gloire ; il en a le talent ;
> Comme eux par le burin il anime le cuivre.
> Et tandis qu'il transmet à la postérité
> Ceux que par ce bel art il rend et fait revivre,
> Lui-même est sûr de l'immortalité.

Gravé et présenté le 1er janvier 1753 à M. B. Audran, par J. Michel, son élève.

Benoît II Audran, qui avait épousé le 15 octobre 1743 Marie-Françoise Lottin, mourut à Paris le 8 janvier 1772. M. Herluison a publié les actes suivants concernant Benoît II Audran :

« Le Mardi 18e jour du dict mois (février 1698) fut baptisé Benoist, né le jour d'hier, fils de Jean Audran, graveur, et de Marie-Marguerite Dossier, sa femme, demeurant rue du Foin. Le parrain Benoît Audran, aussy graveur, demeurant rue Saint Jacques, paroisse Saint Benoist ; la mareinne Margueritte Assenet, femme de Michel Dossier, marchand bourgeois de Paris, demeurant rue des Foureurs. » (Saint-Séverin.)

« Le Mardi 15 octobre 1743, après la publication de trois bans.... ont été épousés avec les solennités requises Benoist Audran, graveur, agé de 40 ans ou environ, fils de Jean Audran, graveur et pensionnaire du Roy, et de defunte Marie Dossier, demt rue Saint Jacques de cette paroisse depuis plusieurs années, d'une part ; et Marie Françoise Lottin, agée de 22 ans, fille de Philippe Nicolas, imprimeur-libraire, et de Marie-Marguerite Lemercier.... Du coté de l'époux ont été témoins Michel Audran, entrepreneur des Tapisseries du Roy aux Gobelins, y demeurant..... Gabriel Audran, bourgeois de Paris, demeurant susdite rue Saint Jacques

BENOIT II AUDRAN. — LE PASSE-TEMPS,

de cette paroisse, ses frères, ledit Jean Audran, son père, consentant audit mariage ; et du côté de l'épouse, ses père et mère consentant aussi audit mariage, Pierre Gilles Lemercier, imprimeur ordinaire de la ville, demeurant susdite rue Saint Jacques, de cette paroisse ». (Saint-Séverin.)

« Le Jeudi 9 Janvier (1772) Benoist Audran, graveur, veuf de Marie-Françoise Lottin, décédé hier rue Saint Jacques de cette paroisse agé de 74 ans, a été inhumé dans la cave de la chapelle du Saint Sacrement de cette église, en présence de Joseph Audran, entrepreneur des tapisseries pour le Roy aux Gobelins, son neveu, et d'Augustin André Hecquet, conseiller du Roy, controlleur des rentes à l'hotel de ville de Paris son neveu ». (Saint-Séverin.)

A la mort de Benoît Audran, on trouva chez lui, outre un grand nombre de planches gravées, une collection assez considérable de dessins et de gravures. Le 30 mars 1772 on mettait en vente tous ces objets et le produit s'éleva à la somme de 12,068 livres 15 sols. Le catalogue de cette vente existe et nous en rappelons le titre ici pour que ceux qui auront intérêt à le consulter puissent facilement se le procurer : *Catalogue de planches gravées, tableaux, desseins, estampes encadrées et en feuilles, de différens maîtres des trois écoles ; recueils, livres d'estampes et autres objets de curiosité de feu M. Benoist graveur, par F. C. Joullain fils. A Paris. De l'Imprimerie de Prault. Se distribue : Dans la maison du défunt, rue Saint Jacques, chez M. Lottin, imprimeur libraire, et chez Joullain, marchand de tableaux et d'estampes, quay de la Megisserie, à la ville de Rome. M.DCC. LXXII.* In-12.

MICHEL AUDRAN

Dans une supplique adressée par les entrepreneurs de tapisseries aux Gobelins, en 1776, à M. d'Angivillier et publiée par M. Lacordaire dans sa *Notice sur les manufactures de tapisseries des Gobelins*, Paris, 1853, in-8º, p. 111, nous trouvons sur Michel Audran et sur sa situation à cette époque des détails navrants :

« L'exemple le plus frappant (de la mauvaise situation faite aux entrepreneurs de tapisseries) est celui du sieur Audran, père, né avec une fortune honnête, d'une conduite irréprochable, dont la veuve se trouve aujourd'hui réduite à une pension de 600 livres, c'est-à-dire qu'elle ne pourrait subsister sans le secours de la famille.

« Le sieur Audran père a réuni plusieurs successions considérables ; il a eu de sa femme près de 80,000 livres de bien ; il s'est privé, il est vrai, d'une partie pour l'établissement de ses deux filles et pour une charge de conseiller au Châtelet dont il a muni le plus jeune de ses fils ; pour l'aîné qui a l'honneur d'être sous votre direction, Monsieur, sa seule dot a été l'association aux ouvrages de son père et à son fonds. Mais les pertes cumulées et considérables qu'a fait le sieur Audran père, tant de l'intérêt annuel d'un gros fonds de soyes et laines, que sur ses ouvriers, soit par mort ou désertion..., sont les seules causes du dérangement de sa fortune. »

Michel Audran fut nommé directeur des Gobelins le 4 septembre 1792, à la place du sieur Guillaumet; cette haute situation, il la devait à son séjour, depuis quarante ans, dans la manufacture, et à une série de renseignements fort précieux qu'il avait communiqués aux rédacteurs de l'*Encyclopédie*, renseignements relatifs à la teinture des laines et des soies employées dans la fabrication des tapisseries. Michel Audran n'occupa pas longtemps ce poste : il fut arrêté le 29 octobre 1793, et interné à Sainte-Pélagie pendant dix mois; voici la lettre qui annonça au ministre de l'Intérieur l'arrestation du directeur :

« Cet octodi, 1re décade de brumaire, l'an 2e de la république française une et indivisible, à quatre heures du matin (29 octobre 1793).

« Citoyen,

« Les sans-culottes du faubourg Saint-Marceau, surveillants intrépides et infatigables des ennemis de la République, vous préviennent qu'ils viennent d'incarcérer à Sainte-Pélagie le nommé Audran, ancien ami des Roland, et affilié depuis longtemps à toute la clique liberticide.

« Nous nous empressons de vous faire part de cette capture, parce que le nommé Audran étant directeur provisoire de la manufacture nationale des Gobelins, il importe à l'intérêt public et à celui des sans-culottes qui y sont employés que vous lui nommiez promptement un successeur, bon sans-culotte et franc républicain.

« Salut et fraternité!

« Les membres du Comité de surveillance de la section du Finistère,

« Loyer, *président*, Lacombe, Langlois, Baron, de Flandre, Rognon, *secrétaire*. »

Arrêté le 29 octobre 1793, Audran était révoqué, sans aucun jugement, le 13 novembre suivant, et son successeur désigné était le peintre Augustin Belle; mais, le 14 avril 1795, Audran fut réintégré dans ses anciennes fonctions; l'arrêté suivant, publié par M. Lacordaire, nous l'apprend :

« Le Comité d'agriculture, considérant que la détention du citoyen Audran, directeur de la manufacture nationale des Gobelins, et la destitution qui en a été la suite et peut-être le motif, ne peuvent être regardées que comme des actes purement arbitraires qu'il est de son devoir de réparer, arrête :

« *Art. 1er*. Le citoyen Audran est rétabli dans sa place de directeur de la manufacture des Gobelins.

« *Art. 2*. La Commission d'agriculture est autorisée à payer au citoyen Audran les indemnités attachées à cette place, depuis l'époque à laquelle il a cessé de les recevoir.

« *Art. 3*. La Commission d'agriculture est autorisée à reprendre le fonds des soies et des laines qu'avait le citoyen Audran, comme chef d'atelier, et à lui rembourser ces objets au même prix qu'ils lui avaient été vendus par le gouvernement.

« *Art. 4*. La Commission d'agriculture est chargée de l'exécution du présent arrêté.

« *Signé* : B. Sauveur, Precy, Himbert, Poullain, Grandprey, P. Fliger. »

Fort peu de temps après avoir repris possession de son poste, Michel Audran mourut: décédé le 20 juin 1795, il fut remplacé, le 29 juin, par l'ancien directeur Guillaumot. Il était le second fils du graveur Jean Audran, et était né le 19 février 1701.

BENOIT III AUDRAN

Faute de connaître aucun ouvrage de Benoît III Audran, que Charles Leblanc désigne comme graveur amateur, sans citer une seule planche signée de son nom, nous donnons son acte de baptême :

« L'an 1740, le 26 may, a été baptisé un garçon qui a été nommé Benoist, né aujourdhuy du légitime mariage de Michel Audran, entrepreneur des tapisseries pour le Roy, et de Marie Agnès Chambonnet, de cette paroisse. Le parrein Benoist Audran, graveur du Roy, oncle; la maraine, Marie Audran, sœur, tous deux de cette paroisse et qui ont tous signé. »

(Saint-Hippolyte.)

PROSPER-GABRIEL AUDRAN

Si nous n'avons pas de renseignements sur le mérite, comme artiste, de Prosper-Gabriel Audran, second fils de Michel; nous possédons son acte de baptême et son acte de décès, que nous a conservés M. Herluison :

« L'an 1744, le 4 février, a esté baptisé Prosper Gabriel, né le même jour du légitime mariage de Michel Audran, entrepreneur des Tapisseries pour le Roy et de Marie Agnès Chambonnet, aux Goblins. Le parrain Gabriel Audran, bourgeois de Paris, parroisse Saint Severin, rue Saint Jacques, et la marraine Marie Françoise Lotin, femme de Benoît Audran, graveur, r. Saint Jacques, paroisse Saint Séverin, qui ont signé. « (Saint Hippolyte.)

« Du 22 juin 1819 à onze heures du matin. Acte de décès de Prosper Gabriel Audran, décédé ce jourd'hui à quatre heures du matin à Paris, en son domicile, rue du Faubourg Saint Jacques, n° 27, quartier de l'Observatoire, âgé de 75 ans et 4 mois, étant né à Paris le 4 février 1744, professeur de langue hébraïque au Collège royal de France, célibataire, fils de défunt Michel Audran et de Marie Agnès Chambonet son épouse. Sur la déclaration de Jacques Marie Delaunay, propriétaire. » (Registres du XII⁰ arrondissement de Paris.)

Charles Leblanc, qui l'appelle à tort Pierre Gabriel, catalogue douze estampes gravées par cet artiste : *Six feuilles de têtes, études, gravées à l'eau-forte par P. G. Audran à Paris chez B. Audran, rue S. Jacques*, et un cahier de quatre feuilles de têtes d'étude. Il ne se prononce pas sur la valeur de ces ouvrages que nous n'avons pas rencontrés.

Comme orientaliste, Prosper-Gabriel Audran occupe une place bien plus importante que comme graveur. Après avoir étudié le droit et avoir rempli, de 1768 à 1784, la charge de conseiller au Châtelet de Paris, il se livra exclusivement à l'étude des langues orientales et particulièrement à l'hébreu. A la mort de son maître, Rivière, professeur au Collège de France, il le remplaça dans sa chaire, et forma un assez grand nombre d'élèves; il publia, en 1805, une *Grammaire hébraïque en tableaux*, et, en 1818, une *Grammaire arabe en tableaux à l'usage des étudiants qui cultivent la langue hébraïque*. Les vertus de Prosper-Gabriel Audran sont célébrées dans la *Chronique religieuse* (Paris, Baudouin, 1819, in-8°, t. III, p. 258-262, et l'épitaphe suivante a été composée par un de ses amis qui avait été l'un de ses héritiers :

Hic jacet
PROSPER-GABRIEL AUDRAN
*Linguar. hebr. chald. et syr. in regio Franciae
Collegio Professor.*

In viis justitiae ambulavit;
Doctus, doctrinae sapientiam antetulit;
propriae laudis contemptor, soli Deo, et verbis
et factis, gloriam dare voluit;
firmâ fide, spe certâ,
vitam aeternam constanter anhelavit;
caritatis non fictae, erga Deum et homines
mandatum implevit;
paupertatem et pacem amavit;
pauperes, quos dotavit, defunctum, perpetuò
lugebant;
obdormivit in Dom. die 23 mens. junii 1819
an. aetatis 76.

BIBLIOGRAPHIE

Catalogue des estampes provenant des fonds de planches des sieurs Gérard, Benoît, Jean et Louis Audran, graveurs ordinaires du Roi et qui se trouvent présentement à Paris chez Benoît Audran, graveur. Paris, 1757. In-4°.

2ᵉ édition. Paris, 1763. In-4°.

Catalogue des planches gravées, dessins... et autres objets de curiosité de feu M. Benoît Audran, graveur, par F. C. Joullain. Vente à Paris le 30 mars 1772. In-12.

Catalogue des estampes qui se vendent chez Gérard Audran, graveur ordinaire du Roi, à Paris, rue Saint-Jacques, aux Deux Piliers d'or. S. l. ni d. In-8°.

Catalogue des estampes qui se vendent chez la veuve de M. feu Gérard Audran, graveur ordinaire du Roi. S. l. ni d. In-8°.

Catalogue des estampes provenant des fonds de planches des sieurs Gérard Audran et François Chereau, graveurs ordinaires du Roi. Paris, 1742. In-4°.

2ᵉ édition, 1757. In-4°.

Catalogue des estampes de feu Gérard Audran qui se trouvent chez Michel Audran, son petit neveu. S. l. ni d. In-4°.

Notice sur Gérard Audran, par Vivant Denon. S. l. ni d. In-folio.

Notice sur Gérard Audran. Signée Z. [Passeron]. Lyon, 1825. In-8°. (Extrait des *Archives historiques et statistiques du département du Rhône.*)

Considération sur la gravure en taille-douce et sur Gérard Audran, par Gatteaux. Paris, 25 octobre 1850. In-4°.

Catalogue de l'œuvre de Gérard Audran. (Robert-Dumesnil, *le Peintre-graveur français,* tome IX, p. 237-322).

Catalogue de planches gravées, dessins, estampes et tableaux après le décès de Michel Audran, par P. Remy. Vente à Paris, le 16 juillet 1771. In-12.

DOCUMENTS
Pour servir à la Généalogie de la famille des Audran

En ayant recours au Dictionnaire de Moreri, aux notes de Mariette, aux travaux de MM. Jal, Piot et Herluison et en mettant surtout à profit la brochure de M. Edmond Michel, nous avons cherché à établir la généalogie de la famille Audran. La chose n'est pas aussi simple qu'elle le paraît remier abord. Une faute d'impression, un chiffre mis à la place d'un autre, dans un travail de cette nature, déroute et bouleverse tout un système reposant sur une base qui paraît absolument sûre. La similitude des prénoms qui dans une nombreuse famille, comme celle-ci, se retrouvent presque à chaque génération, le titre de graveur qui accompagne presque toujours ce même prénom, sont autant de causes de confusion qu'il n'est pas toujours commode d'éviter. Nous avons fait de notre mieux, mais nous n'avons pas la prétention de donner, de la famille Audran, une généalogie parfaite.

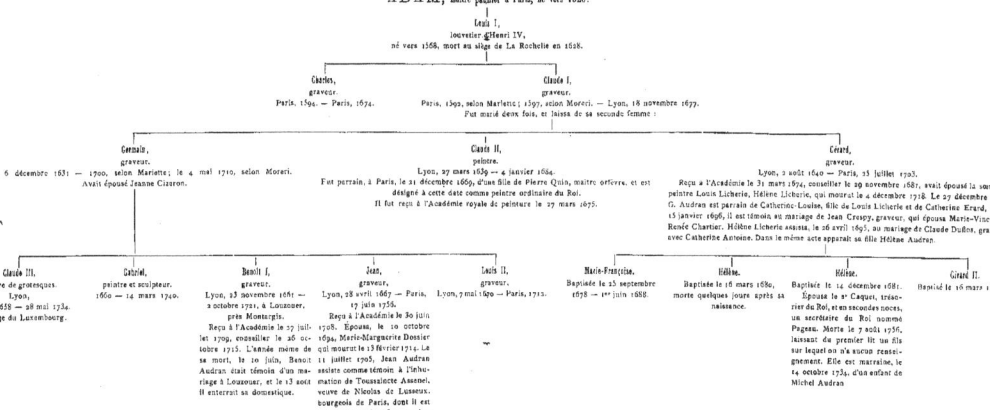

TABLE DES GRAVURES

Charles Audran. — Portrait de Louis XIV (jeune) 4
Charles Audran. — Portrait de Claude de Mesmes, comte d'Avaux. 5
Charles Audran. — Saint Bruno 6
Charles Audran. — Frontispice pour la *Galerie des femmes fortes* 7
Claude Iᵉʳ Audran. — Sainte Famille. 11
Claude Iᵉʳ Audran. — Portrait du pape Innocent X. 12
Germain Audran. — Porrait de Camille de Neuville. 15
Portrait de Gérard Audran. 20
Gérard Audran. — Portrait de Jordanus Hilling. 21
Gérard Audran. — Fragment du *Passage du Granique* par Alexandre 23
Gérard Audran. — La Noblesse. 24
Gérard Audran. — La Navigation 25
Gérard Audran. — David partant pour aller combattre Goliath. 27
Gérard Audran. — Le Triomphe de la Vérité. 28
Gérard Audran. — L'Aurore 29
Gérard Audran. — Le Mariage de la Vierge 31
Gérard Audran. — Ravissement de Proserpine 33
Gérard Audran. — Allégorie de la paix. 35
Claude III Audran. — Panneaux d'ornement. 37
Claude III Audran. — Panneaux d'ornement. 39
Portrait de Benoît Iᵉʳ Audran. 42
Benoît Iᵉʳ Audran. — L'Annonciation. 43
Benoît Iᵉʳ Audran. — La Maladie d'Alexandre 44
Benoît Iᵉʳ Audran. — La Peinture 45
Benoît Iᵉʳ Audran. — Portrait de Molière. 47
Benoît Iᵉʳ Audran. — Portrait de J. P. Bignon 49
Benoît Iᵉʳ Audran. — Titre des *Amours de Daphnis et de Chloé*. 50
Jean Audran. — Saint Benoît 53
Jean Audran. — Le Maréchal d'Estrées 54
Jean Audran. — Portrait de Coysevox 55
Jean Audran. — L'Automne. 57
Jean Audran. — L'Évanouissement d'Esther. 59
Jean Audran. — L'Enlèvement des Sabines 61
Louis Audran. — Jésus guérissant les aveugles. 64
Portrait de Benoît II Audran 65
Benoît II Audran. — Portrait du frère Blaise 66

Benoît II Audran. — L'Amour désarmé	67
Benoît II Audran. — Le Concert champêtre	69
Benoît II Audran. — Mezzetin	70
Benoît II Audran. — Amusements champêtres	71
Benoît II Audran. — Le Passe-temps	73

FIN DE LA TABLE DES GRAVURES

TABLE DES MATIÈRES

Charles Audran	3
Charles Ier Audran	10
Germain Audran	13
Claude II Audran	14
Gérard Audran	19
Claude III Audran	36
Gabriel Audran	41
Benoît Ier Audran	42
Jean Audran	52
Louis Audran	63
Benoît II Audran	65
Michel Audran	75
Benoît III Audran	77
Prosper-Gabriel Audran	78
BIBLIOGRAPHIE	80
DOCUMENTS POUR SERVIR A LA GÉNÉALOGIE DE LA FAMILLE DES AUDRAN	81
TABLE DES GRAVURES	85

FIN DE LA TABLE DES MATIÈRES

Paris. — Imp. de l'Art. E. MÉNARD et Cie, 41, rue de la Victoire.

www.ingramcontent.com/pod-product-compliance
Lightning Source LLC
LaVergne TN
LVHW050601090426
835512LV00008B/1278